はじめに

　これまで日教組養護教員部は、『「うつる」病気をどう考えるのか』というタイトルの学習シリーズを3巻出しています。

　副題『⑮結核健康診断をとおして』『⑲新型インフルエンザをとおして』『㉕養護教員として大切にしたいこと』の3巻は、感染症と養護教員のかかわりや、子どもと人権などの側面で皆さんの学習に役立ってきたことと思います。

　2019年12月初旬に世界で初めて新型コロナウイルス感染症の患者が報告された後、その約1年後の2021年2月には日本でも新型コロナウイルス感染症の予防接種が始まりました。2月から医療従事者に、4月から高齢者に、6月には18歳以上が対象となり、9月に5歳以上、10月から6か月以上の乳幼児も対象になりました。

　感染症の流行が始まってすぐ罹患者への誹謗中傷があり、予防接種が始まるとワクチンを打てない人、打たない人への中傷や「打つべき」という同調圧力がありました。ワクチンを打たなければ働けない人や、学校等で単位取得ができないなど、本来なら自分で選択できるはずのワクチン接種が打たざるを得ないものとなりました。さらに政府は旅行や飲食などを割り引く等、ワクチン接種することへの付加価値をつけ、メディアも活用し、ワクチン接種を現在もすすめています。

　私たち養護教員部はこれまでも予防接種の「安全性・有効性・必要性」を問い続けてきました。「わからないことだらけのワクチンを、ほぼ全世界の人間に一斉に注射するというのが、最大の特徴」[1]といわれている新型コロナウイルスワクチンですが、予防接種とはそもそもどのようなものなのか、もう一度、予防接種の歴史と問題点を考えてみませんか。

　今回の学習シリーズを使って、養護教員のなかまが語り合い、学習する機会になりましたら幸いです。

1：母里啓子 監修『打つ？打たない？新型コロナワクチン―知っておきたい副作用と救済制度のこと3』（コンシューマーネット・ジャパン、2021年5月）、p17

目次

1 予防接種って何？

　今、多くの予防接種が行われています。その予防接種について、どのようなものがあり、どのようにつくられ、どのように分類されているのか知っていますか？

　私たちのからだは、細菌やウイルスが入ってくると抗体がつくられます。そして、再び同じ細菌やウイルスが入ってきたときにはその抗体の働きによって病気が起きないようにするしくみがあります。このしくみを利用し、「ワクチン」をからだに入れて人為的に抗体をつくり出し、病気を予防しようとするものが予防接種です。

　治療を目的とするため、一定のリスクがあってもメリットが大きければ使用できる一般薬と違い、ワクチンは予防薬として使われるため、より高度な安全性が求められるはずです。

1 ワクチンの種類

①トキソイドワクチン

　細菌のつくる毒素（トキシン）を取り出して、毒性をなくしたもの。

②不活化ワクチン

　培養された細菌やウイルスの中から、抗原として働く部分だけを取り出したもの。

③生ワクチン

　病原性を弱めた細菌やウイルスを生きたままからだに入れるもの。

④mRNA ワクチン

　人間の体内に遺伝物質を導入し、ウイルスのタンパク質の一部（抗原）を人間の細胞内でつくるようにする新しいしくみのもの。

ワクチンには病原体だけでなく、増やしたり培養したりするための物質や、毒を弱めるためのホルマリン、生かしておくための栄養（砂糖）、熱への耐性をもたせるためのゼラチン、防腐剤としての水銀、免疫に働きかけるアジュバントという添加物も入っています。

> ### アジュバントって知ってる？
>
> 不活化ワクチンの効果を高めるために加える添加物のことです。アルミニウムや油など不溶性の物質で、人体にとっては異物にあたります。アジュバントは、体内からなかなか排出することができず、時として人体を攻撃するような異常な免疫反応を起こすことがあります。

2 予防接種の分類（2022年7月現在）

	定期接種　A類	定期接種　B類	任意接種
目的	主に集団予防、重篤な疾患の予防に重点	主に個人予防に重点	国内での感染予防や重症化予防、海外渡航時など
対象疾病	ジフテリア・百日咳・破傷風・急性灰白髄炎（ポリオ）、B型肝炎、小児肺炎球菌感染症、結核（BCG）、麻しん・風しん、水痘、日本脳炎、ロタウイルス、ヒトパピローマウイルス（HPV）感染症	季節性インフルエンザ（高齢者対象）、成人用肺炎球菌感染症	季節性インフルエンザ、おたふくかぜ等 黄熱等（海外渡航時） 定期接種と同じ(受けそびれたとき等)
本人（保護者）の努力義務	あり	なし	なし
行政による勧奨	あり	なし	なし
接種費用	無料	一部自己負担あり	個人負担

「努力義務」「勧奨」いずれも接種を強制するものではない

4

副作用の救済	予防接種健康被害救済制度	予防接種健康被害救済制度	独立行政法人医薬品医療機器総合機構法により補償

新型コロナウイルス感染症のワクチンは、まん延予防上緊急の必要性があると認められ、予防接種法第6条に規定する臨時に行う予防接種とみなされて（特例）実施されています。

3 効果は？

厚労省のＨＰには「ワクチンを接種することにより、多くの方は免疫を獲得できます。ただし、ワクチンの種類によって効果（免疫がつく）が得られる割合は異なります。またワクチンの種類によって、獲得した免疫が薄れていくまでの期間は異なります」とあります。また新型コロナウイルスワクチンについても、「ワクチン接種後でも新型コロナウイルスに感染する場合はあります。ワクチンを接種して免疫がつくまでに1～2週間程度かかり、免疫がついても発症予防効果は100％ではありません。効果の持続期間にも留意する必要があります」と書かれています。

ワクチンの効果は「一生」でもなく、「絶対」でもありません。

4 副作用？副反応？

一般に、薬で起こる有害事象は「副作用」と呼ばれています。期待した作用以外に出現する、不必要で有害な「薬の作用」です。それに対して「副反応」は、薬によって引き起こされる様々な症状や病気、害作用で「その人のからだの反応」です。

予防接種では本来の目的である予防接種の効果を「主反応」、それ

以外の反応を「副反応」と呼んで整理します。

　これとは別に、予防接種後にからだに起こる悪いできごと全体を「有害事象」とした上で、因果関係が認められているものだけ「副反応」と呼ぶ考え方があるそうです。この冊子では、因果関係が認められているか否かにかかわらず、予防接種との関連を安易に切り捨てるべきではないとして、「副作用」の文言を使用します。

5 こんなにも増えている？

　ワクチンを摂取する回数は以前に比べるとかなり増えています。

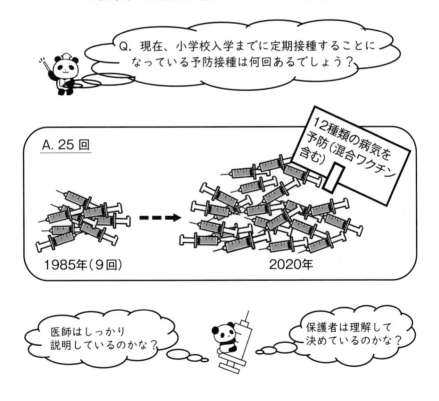

2

予防接種の歴史と養護教員部運動をふりかえる

　1948年に予防接種法が制定され、集団予防接種が始まりました。今でこそ当たり前とされる「一人ずつ使い捨ての注射器」による接種ですが、当時は注射器の使い回しが公然と行われ、それが肝炎ウイルスの蔓延につながりました。1958年、予防接種実施規則が変わり、「注射針を一人ずつ取り換えなければならない」となるまでにも、日教組や各単組の長いとりくみがありました。

　1994年、46年ぶりに「予防接種法」が改正、施行されました。その背景には、予防接種による健康被害に対する国の過失責任が問われた判決などがありました。**日教組養護教員部では、学校における集団予防接種などの問題点を明らかにし、予防接種にかかわる業務は、本来厚生行政がすべきであるという立場から、その業務を返上する運動をすすめていくことや、必要とする予防接種は公費負担で行うべきであると要求してきました。**さらに、インフルエンザワクチンなど、その有効性に疑問があるものについては、集団接種の廃止も要求してきました。予防接種の歴史と養護教員部の運動をふりかえってみましょう（省庁の名称は当時のまま記載）。

年	起こったこと	日教組のとりくみ
1897	「伝染病予防法」制定	
1948	**「予防接種法」制定**	
1951	**予防接種の義務化**、結核予防法の制定、接種を怠ると一万円以下の罰金	
1954	日本脳炎不活化ワクチン勧奨接種開始	
1959	インフルエンザワクチン「奨励分」（6か月	

	以上の乳児、65歳以上の老人）と「流行阻止分」（学童、鉄道・郵政関係者）として接種開始
1962	**全国規模で学童に対して、インフルエンザワクチン集団接種開始**
1963	ポリオ生ワクチン定期接種開始
1965	日本脳炎高度精製ワクチン使用を開始し、小児と成人に積極的に接種
1966	麻しんワクチン接種開始
1967	インフルエンザ予防接種は2歳以下で副作用の発生頻度が高く、一般家庭の2歳以下の乳幼児は勧奨接種中止
1969	ジフテリア（D）、百日咳（P）ワクチンに破傷風（T）トキソイドを加えたDPT混合ワクチン定期接種開始
1973	インフルエンザワクチン副作用被害者の訴訟開始
1975	百日咳ワクチンによる重篤な副作用報告により、百日咳ワクチンを含む予防接種は一時中止
1976	**「予防接種法」改正**
	・被害者救済制度創設 ・インフルエンザ予防接種3～15歳に毎年2回ずつ臨時接種（罰則規定なしの義務化） ・BCGは、3か月～4歳の誕生日までに初回接種、以後小学校1年、中学校2年の3回接種
1977	**中学生女子に対して、風しん定期接種開始**
1978	麻しん定期接種開始（初めての個別接種）
1979	群馬県前橋市は、ワクチンの副作用によるけいれん事故をきっかけにインフルエンザ集団接種中止
1984	公衆衛生学会インフルエンザ小委員会が集

日教組は市民団体と

8

	団接種の見直しを決定	協働してインフルエンザ集団予防接種の廃止を基本としたとりくみの展開を始める
1986	**公衆衛生学会で前橋データの発表** 前橋データ：前橋市の医師会はインフルエンザ予防接種の調査を始め、1980〜86年までの6年間にわたり、接種と非接種地域の欠席率・罹患状況を研究した。その結果、非接種地域の全流行期と、接種地域の流行期との違いは見られず、医療費・超過死亡・学童罹患率が変わらなかったことが明らかになった	○**学習シリーズ③** **『インフルエンザ予防接種反対運動をとりくむために』発行** 厚生省にインフルエンザ予防接種に関する申し入れをする
1987	**インフルエンザ予防接種が義務接種から「親の同意尊重」へ**	
1988		日教組独自で厚生省・文部省にインフルエンザ集団予防接種の中止の申し入れをする
1989	麻しん・流行性耳下腺炎・風しん混合ワクチン（MMR ワクチン）接種開始	○**健康白書第6号** **「学校保健と厚生行政との関わり」発行** （インフルエンザ予防接種等の実態調査をもとに、予防接種の接種者と未接種者の発病に差がないことをまとめた）インフルエンザ集団予防接種中止を求める全国ネットワーク集会参加や「母と女教師

			の会」とともに厚生省交渉などを行う
1992	予防接種による健康被害の集団訴訟で国の過失責任が認められる		
1993	厚生省の公衆衛生審議会が「今後の予防接種のあり方」をまとめ、厚生大臣へ答申		

1992	予防接種による健康被害の集団訴訟で国の過失責任が認められる
1993	厚生省の公衆衛生審議会が「今後の予防接種のあり方」をまとめ、厚生大臣へ答申
	①社会防衛から個人防衛へ、②個人接種を基本、③予防接種対象疾病の見直し、④健康被害救済制度の必要性、を強調一方、予防接種の安全性・有効性・必要性を肯定して「勧奨接種」としながらも「努力義務」を強調、社会防衛をより強調、地域によっては集団接種の道を残した
	ムンプスワクチンを原因とする無菌性髄膜炎多発により MMR ワクチン接種中止
1994	**「予防接種法」改正**
	・義務規定から努力義務規定へ ・インフルエンザは定期接種対象外、学校での集団接種廃止 ・日本脳炎予防接種は定期接種 ・ジフテリア（D）、破傷風（T）、百日咳（P）の3種混合の代わりに DT の2種混合や破傷風だけの接種、受けない選択ができるようになる
1997	「結核予防法」の改正により、ツベルクリン反応検査の擬陽性廃止
1998	香港で H5N1 が発生し、痘そう、H5N1 インフルエンザ発生の時は、努力義務、勧奨のある臨時予防接種となる
2001	「感染症の予防及び感染症の患者に対する医療に関する法律」（感染症新法）制定（以後「感染症法」と記載） **「予防接種法」改正** ・インフルエンザは二類分類

10

	・65歳以上、および60歳以上65歳未満の持病のある人に対しては定期接種、それ以外の人は任意の予防接種	
2002	「結核予防法」施行令改正により、小学生・中学生に対するツベルクリン反応検査及びこれに伴うBCG再接種を廃止	
2003	世界各地でSARS（重症呼吸器症候群）流行「学校保健法」施行規則一部改正により、全学年対象の問診票による結核健康診断導入	
2005	「感染症法」改正 重い中枢神経障害などの副作用報告により、日本脳炎ワクチンは積極的勧奨差し控え	○学習シリーズ⑮『「うつる」病気をどう考えるのか―結核健康診断をとおして―』発行
2006	DTまたは破傷風単独ワクチンを接種する場合は任意接種に変更 MMRワクチンから、MRワクチン二回接種法による定期接種開始	
2007	「結核予防法」が「感染症の予防及び感染患者に対する医療に関する法律」に統合。BCG接種は予防接種法に組み込まれ一類疾病に加わり対応「麻しんに関する特定感染症予防指針」策定 2015年までに、麻しん排除を達成し、WHOによる認定を受け、かつ、その後も排除状態を維持することを目標とする 麻しんワクチンの時限措置での接種	
2008	「感染症法」と「結核予防法」統合 ヒブワクチン任意接種開始	
2009	「感染症法」を改正し、「新型インフルエンザ等感染症」を追加	
2010	新型インフルエンザの流行 小児用肺炎球菌ワクチン任意接種開始 「ヒブ・小児用肺炎球菌・HPVワクチン接	○日教組学習資料「いっしょに考えてみませんか！子宮頸

	種促進臨時特例交付金」成立、各自治体で中1から高1の女子を対象に公費負担接種 日本脳炎ワクチン積極的勧奨を一部再開	がんと HPV ワクチンのこと」発行 ○学習シリーズ⑲『「うつる」病気をどう考えるのか—新型インフルエンザをとおして—』発行
2011	「予防接種法」施行令、施行規則の一部改正 日本脳炎ワクチンの第二期接種の機会を逃した人に対して定期接種、病原性の高くない新型インフルエンザが発生した場合は、努力義務はないが、「勧奨」を行うこととする ヒブ・小児用肺炎球菌ワクチンの同時接種での死亡事故報告を受け、接種一時中止	
2012	「新型インフルエンザ特別措置法」成立 新型インフルエンザが発生した場合は、国民は協力する義務として予防接種を行うこととなる 「麻しんに関する特定感染症予防指針」の一部改正により、就学時健康診断における予防接種歴の確認及び接種の推奨、児童生徒、職員の予防接種歴の確認及び接種の推奨	○保健研究委員会『「うつる」病気と養護教員のかかわりについて』発行 就学時健康診断時の予防接種歴確認や接種推奨に反対しパブリックコメントのとりくみをする
2013	「予防接種法」の一部改正 ヒブ、小児用肺炎球菌、HPV ワクチンが定期接種に	
2014	定期接種化から2か月後、HPV ワクチンについては、接種後の健康被害が多数報告され、積極的勧奨一時差し控えに 「予防接種に関する基本的な計画」策定 予防接種・ワクチンで防げる疾病は予防することが基本理念。ワクチンギャップ※の解消、接種率向上、新たなワクチンの開発、	○学習資料「予防接種について」発行

	普及啓発が当面の目標となる ※ワクチンギャップとは、日本は他の先進国に比べて公的に接種するワクチン数が少ないという意味	
	「風しんに関する特定感染症予防指針」 早期に先天性風しん症候群の発生をなくすとともに、2020年度までに風しんの排除を達成すること	
2015	WHO西太平洋事務局が、日本を麻しん排除国と認定	
2020	新型コロナウイルス感染症が世界的に流行 「予防接種法及び検疫法」の一部が改正 HPVワクチンの個別送付リーフレット改訂 HPV 9価ワクチン承認、肛門がんなどの予防にも効果が認められるとして男性への適用が追加承認 ロタワクチン定期接種に	○学習シリーズ㉕『「うつる」病気をどう考えるのか〜養護教員として大切にしたいこと〜』発行
2021	新型コロナウイルス感染症ワクチン接種開始（２月） 「感染症法」改正 「新型インフルエンザ等感染症」に「新型コロナウイルス感染症」および「再興型コロナウイルス感染症」を追加 新型コロナウイルスワクチン 12〜15歳も接種対象になる（５月） HPVワクチンの積極的な接種勧奨を控える通知廃止決定 新型コロナウイルスワクチン 5〜11歳も接種対象になる（９月） HPVワクチンの積極的な接種勧奨再開 新型コロナウイルスワクチン 生後6か月〜4歳も接種対象になる（10月）	
2022	23年４月よりHPV 9価ワクチンを定期接種の対象とすることに決定（11月）	

3 HPV ワクチン

1 HPV とは

① HPV って、どんなウイルス？

子宮頸がんの原因とされる HPV（ヒトパピローマウイルス）は、性交渉によって感染します。80％の女性が一生に一度は感染するといわれるウイルスです。感染しても、約 90％の確率で 2 年以内に自然排出されます。

②子宮頸がんは若い人が亡くなるがん？

日本では毎年約 1 万 1,000 人の女性が子宮頸がんになり、約 2,800 人が亡くなりますが、亡くなる方の 8 割は 50 歳以上です（2020 年は、29 歳以下で 8 人の方が亡くなりました）。

2020年に子宮頸がんで亡くなった人の年齢（厚生労働省・人口動態統計より）

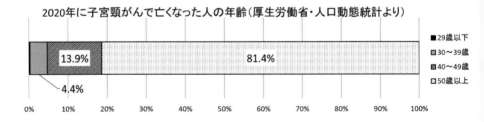

③ HPV ワクチンの種類

現在承認されている HPV ワクチンは 3 種類あります。同じ種類のワクチンを、間隔をあけて合計 3 回接種しますが、接種するワクチンによって接種のタイミングが異なります。

価数／ ワクチン名	接種の種類（対象）	有効なHPV（ヒトパピ ローマウイルス）型	対象
2価／ サーバリックス	定期接種 （小6～高1女子）	16、18	10歳以上 女子
4価／ ガーダシル	定期接種 （小6～高1子）	6、11、16、18	9歳以上 男女
9価／ シルガード9	任意接種 23年4月～定期接種※ （小6～高1女子）	6、11、16、18、31、 33、45、52、58	9歳以上 女子

※9価ワクチンも2023年4月から定期接種化の方針（2022年11月8日厚労省
　予防接種基本方針部会）

④ワクチンを受けたら、子宮頸がんにかからない？

　HPVには200種類以上のタイプがありますが、子宮頸がんの原因
となるタイプは少なくとも15種類あると言われています。ワクチン
に含まれていないタイプのHPVもあり、ワクチンを接種したとして
も定期検診が勧められているのはこのためです。

⑤ HPVワクチンと副作用被害

　HPVワクチンに関して、
多くの副作用疑いの報告（右
図※参照）があります。この
報告頻度は、他の定期接種（12
種類）の平均値の9.9倍、う
ち重篤なものの頻度も8.8倍
で、副作用疑い報告頻度の高
いワクチンなのです。

これまでに345万人が接種して

副作用疑い報告　3,396人
（約1,000人に1人）

うち重篤　1,965人
（約1,800人に1人）

入院相当以上の深刻で重い症状

※2022年1月21日第75回「厚生
　科学審議会予防接種・ワクチン
　分科会副反応検討部会」資料を
　もとに作成

⑥複合的な副作用被害と、確立しない治療法

　副作用症状は多様で、ひどい頭痛、全身の疼痛、脱力、不随意運動、歩行障害、睡眠障害、月経障害、記憶障害、学習障害など、多様な症状が一人の患者に重層的に現れるものです。この重篤な副作用の治療法は確立していません。

⑦被害者たちが提訴

　国と製薬会社に真の救済と治療法の確立・再発防止などを求める訴訟が、全国4地裁で起こされています。原告130人（2022年2月現在）が2016年からたたかい続けています。

⑧ 2022年4月から積極的勧奨が再開

　ワクチン自体は、以前のものと変わりありません。今後接種者が増えることで、様々なことが懸念されます。かつて、学校でリーフレットや問診表を配布したことで、「学校が勧めた」「だからよいものだ」と思い込んでしまい、接種した子どもが多くいました。学校が予防接種にかかわることの問題を考えていく必要があります。

⑨ 2023 年 4 月から 9 価ワクチンが定期接種化

　9 価ワクチンは、4 価ワクチン（ガーダシル）と基本成分や設計は同じです。しかし、構成物の中には含有量がさらに増えているものがあり（主成分である L1 たんぱくやアジュバントの含有量は、4 価ワクチンの 2 倍、等）、臨床試験における重篤な副作用の報告も増えています。

２ 日教組の基本的な考え方ととりくみ

① HPV ワクチンについては、すべての子宮頸がんに予防効果があるわけではないことや、予防効果がどれくらい持続するかがわかっていない（「予防効果の持続期間は確立していない」と薬剤の添付文書に明記されている）ことなどから、今後も専門家による慎重な検討が必要である。

② 子宮頸がんと HPV ワクチンについては、ワクチンの有効性や副作用実態を含む様々な情報をもとに、主体的な判断や行動選択ができるよう、保健体育の授業や子どもの実態に応じた健康教育のなかでとりあつかうことが望ましい。

③ 性の教育は、セクシュアリティにかかわる個人の尊厳や多様性を尊重し、性の自己決定や主体性を育むことをめざしている。そのためには、学校全体を通じてとりくむとともに家庭と連携していくことが重要である。

　日教組養護教員部は、毎年、厚労省への要請行動で、HPV ワクチンの定期接種の中止と十分な情報提供、早急な副作用の認定と救済措置を求めています。しかし、2022 年 4 月より定期接種の積極的勧奨が再開されてしまいました。この再開の判断については、次のような懸念もあります。

- 副作用で苦しんでいる方を実際に診察した臨床医らによって指摘されているワクチンの危険性について、十分に評価されているのか？
- いまだに副作用の治療法も確立されておらず、適切な治療を受けられないと訴える方が少なくない。協力医療機関体制は十分に機能しているのか？
- 救済制度においては、判定不能が多いため、給付金の不支給率が一般の医薬品の場合よりも高いことをどう考えるのか？
- 副作用に苦しみ、裁判を起こしている方の中で、「寄り添った支援がある」ととらえる方はおらず、就労支援等必要な支援が受けられないなど相談体制が不十分では？

　今後も健康被害について注視し、引き続き定期接種の中止を求めていく必要があります。

　また、ワクチン接種にかかわっては、現在も学校をとおしたリーフレットや接種勧奨のお知らせ配布などが依頼されている実態もあります。国の感染症対策に対し、「安全性・有効性・必要性」の観点から予防接種の責任主体は行政であることを明確にし、その動向を注視し続けることが必要です。予防接種の様々な情報を保護者や子どもたちに提供すると同時に、学校における感染症対策や健康教育のあり方についても、引き続き考えていくことが大切です。

※自分のからだを大切にする教育をすすめましょう！

①生涯にわたって健康で安全に生きていくための能力を培う
　健康教育を充実させましょう。

②子どもたちの性に関する科学的な知識や適切な判断力を獲
　得する機会を保障しましょう。→将来の女性のリプロダク
　ティブヘルス／ライツにつながる。

③様々な情報の中から必要な情報を選択し、自己決定できる
　力をつけましょう。

④子宮頸がんの特性や好発年齢、予防方法、検診、治療等に
　ついて理解を深めましょう。

⑤HPV ワクチンは子宮頸がん全般を予防するものではなくワ
　クチン適合ウイルスの型が限られることや、副作用、免疫
　効果の持続期間等の基本情報の理解が必要です。

⑥HPV ワクチンの接種は定期的な子宮頸がん検診の代わりに
　はなりません。子宮頸がん検診の受診で、罹患率や死亡率
　の低下につながるとりくみを広げていきましょう。

参考資料：学習資料「いっしょに考えてみませんか！子宮頸がんと HPV
　　　　　ワクチンのこと」

4

新型コロナウイルス感染症のワクチン

1 新型コロナウイルス感染症のワクチンについて

　新型コロナウイルス感染症のワクチン（以下、新型コロナワクチンと表記）は、mRNA ワクチン（ファイザー社および武田 / モデルナ社）やウイルスベクターワクチン（アストラゼネカ社）で、ウイルスのタンパク質をつくるもとになる遺伝情報の一部を注射するという新しいしくみのワクチンです。これらのワクチンは人類に対して今まで使用されたことがないため、短期的、中長期的なリスクはわかっていません。世界的にも緊急使用としてのみ認められている治験段階のワクチンであり、日本では「特例承認」という形での認可がなされ、現在も臨床試験によりデータを採集しています（2022 年 7 月現在)。

2 効果の持続期間

　感染予防効果と発症予防効果は時間とともに徐々に低下するという報告があり、定められた期間を経て追加接種が行われています。また、ウイルスの変異によって、ワクチンの効果が低くなるという報告もあります。特にオミクロン株に対する発症予防等の効果はデルタ株と比較して低く、2 回目接種後、経時的に低下することが報告されています。効果の持続期間については、今後も引き続き集積される様々なデータを確認し、科学的知見を収集していく必要があります。

3 ワクチンと副作用

　現在、日本で接種がすすめられている新型コロナワクチンでは、接種後に注射した部分の痛み、疲労、頭痛、筋肉や関節の痛み、悪寒、

下痢、発熱等、様々な症状がかなりの頻度で見られます。こうした症状の大部分は、接種後数日以内に回復していますが、稀にアナフィラキシー（急性のアレルギー反応）が発生したことが報告されています。

　この他、アストラゼネカ社のワクチンでは、ごく稀に珍しいタイプの血栓症が起きるという報告があり、ファイザー社および武田／モデルナ社のワクチンでは、心筋炎や心膜炎を疑う事例が報告されています。

　また、厚労省の「副反応検討部会」では、ワクチン接種との因果関係は認められていませんが、接種後に起こった重篤な症状や死亡が多数報告されています。

接種後の死亡者は 1,771 人

厚労省の副反応検討部会では、ほとんどの例が接種との因果関係が不明とされ、事実上「因果関係はない」としている

接種後の重篤者は 7,460 人

2022 年 7 月 8 日
厚生労働省発表の「副反応検討部会」資料より
（2021.2.17 ～ 2022.6.24 に報告されたもの）

【初めて接種後死亡を被害認定！】
2022 年 7 月 25 日、厚生労働省分科会は、予防接種健康被害救済制度に基づき、接種後に死亡した 91 歳女性の死亡一時金請求を認めた。同ワクチン接種後の死亡例について被害認定されたのは初めて。

　子どもたちへの治験では、ワクチン接種をして重症化しているケースがあります。5 ～ 11 歳で接種する有効成分の量は、12 歳以上で接種する量の 3 分の 1 になりましたが、それが適正量なのかについては、まだ正確にはわかっていません。

4 新型コロナウイルス感染症予防接種に対する日教組のとりくみと文科省・内閣府・厚労省通知文

　新型コロナウイルス感染症対策について、日教組は、子どもと教職員のいのちと健康を守ることを第一義として、文科省・政党に対して緊急要請を行い、文科省から出される通知、ガイドライン、補正予算等に反映させてきました。

　予防接種に関しては、日教組養護教員部は、日政連議員と連携して数回にわたる国会質疑を行い、学校現場の現状を伝えてきました。15歳以下の子どもの予防接種については、「あくまで安全性・有効性をふまえ、個人の意思で判断するということが基本であること、学校は同調圧力がはたらきやすい場所であり、そういう場所では予防接種法の原則として個人接種が基本であること」等を確認し、「健康被害について早急な情報収集と救済措置の対応を行うこと」も求めてきました。

　そして、2021年6月・2022年2月の文科省・厚労省の事務連絡では、右のように「学校での集団接種は推奨しないこと」が示されていました。

　しかし、その後オミクロン株の爆発的な感染拡大に伴い「新型コロナワクチンの追加接種（3回目接種）に関する情報提供について」（文科省事務連絡　2022年7月）が出され、「児童生徒への新型コロナワクチンの接種は強制ではなく、生徒及び保護者の判断が尊重されるべきものだが、希望する保護者等が必要な情報を取得できることが重要」として、学校等が広報に必要な協力を行うように依頼する動きもあります。予防接種に関する業務は、本来行政がすべきであるとの立場から、今後の動向をさらに注視し、とりくんでいくことが重要です。

【新型コロナウイルス感染症に係る予防接種の幼児児童生徒に対する実施についての学校等における考え方及び留意点等について】より抜粋・養護教員部常任委員による要約

文部科学省初等中等教育局健康教育・食育課 厚生労働省健康局健康課予防接種室（2022.2.21）

・ワクチン接種を学校集団接種によって行うことは、現時点で推奨するものではない。

・ワクチン接種を受ける場合または副反応が出た場合、欠席としない取り扱いも可能。

・接種の強制につながることのないよう、行事への参加等に、ワクチンの接種等の条件を付さないこと。

・新型コロナワクチンの接種を受ける又は受けないことによって、差別やいじめなどが起きることのないよう、学校等においては、ワクチンの接種は強制ではないこと。

・周囲にワクチンの接種を強制してはいけないこと。

・身体的な理由や様々な理由によってワクチンを接種することができない人や接種を望まない人もいること。また、その判断は尊重されるべきであることなどを幼児児童生徒に指導し、保護者に対しても理解を求めること。

・予防接種歴を把握する必要が生じた際には、情報を把握する目的を明確にすること、本人や保護者の同意を得ること、他の生徒等に知られることのないような把握の方法を工夫することなど個人情報としての取扱いに十分に留意して把握するようにすること。

5

予防接種は奥が深い!?

1 予防接種とは

　ふりかえってみましょう。予防接種とは何か。病原体の感染による病気に対する免疫をつけ、それらの病気にかかりにくくしたり、症状を和らげたりするためにワクチンを接種することです。

　病気にかかりにくくしたり症状を和らげたりするためであるなら、「個人のリスクの軽減（個人防衛）」と考えられますが、実際にはどうでしょう。予防接種法が制定された時は、「義務」とされ、打たないことへの罰金が科せられていました。これは個人のためというよりも「社会防衛」の意味合いが非常に強かったと考えられます。しかし、前橋データの発表や健康被害の訴訟で国の過失責任が認められたことが公衆衛生審議会の答申につながり、1994 年を境に、義務から努力義務へと変わりました。

　このことだけを見ると、個人の意見が尊重されるようになったと見受けられます。しかし、答申の中でも、予防接種の「安全性・有効性・必要性」を肯定し努力義務を強調するなど、社会防衛の要素を色濃く残しています。義務で接種して副作用が起きれば国は責任をとらなくてはなりませんが、努力義務になれば「個人が選んで打ったのだから」と自己責任にされてしまう心配があります。

2 私たち養護教員が大切にしたいこと

　人には自然治癒力があります。その力が発揮できるような生活を子どもたちと考えていくことが大切なのではないでしょか。また、予防接種は、定期であっても「選択権があること」「効果や副作用につい

て正確な情報を開示させること」「情報をきちんと読んで判断する力をもつこと」を子どもたち（保護者）に伝えていくことが私たちにできることではないでしょうか。

　学校をとおしてリーフレット等を配布するなど学校が予防接種にかかわることで、強制力や同調圧力が働きやすいこと、子どもも保護者も「いいものだ」「安全なものだ」ととらえることがあるという課題を今一度確認しましょう。「打つ／打たない」それぞれの判断をした人の人権が尊重されるように考えていきましょう。

　子どもたち（保護者を含めて）が自分の判断で、「打つ／打たない」ことを選択できるようにする力をもたせること、それを大事にしていきたいですね。

参考文献：

『ちいさい・おおきい・よわい・つよい』No95、No100、No117　ジャパンマシニスト社、2013、2014、2017

『受ける？／受けない？予防接種　知っておきたい副作用と救済制度のこと2』　コンシューマネットジャパン、2019

天笠啓祐『新型コロナワクチン　その実像と問題点』　緑風出版、2021

天笠啓祐『ポスト・コロナ社会を考える　ワクチン依存社会総点検』　緑風出版、2022

母里啓子『子どもと親のためのワクチン読本　知っておきたい予防接種』　双葉社、2019

厚生労働省：予防接種情報、人口動態統計 2020 年

厚生労働省新型コロナワクチンＱ＆Ａ

HPV ワクチン東京訴訟支援ネットワーク「資料用リーフレット」

HPV ワクチン薬害訴訟全国弁護団
　2020 年 4 月 15 日　「9 価 HPV ワクチン（シルガード 9）の承認審査に関する意見書」
　2021 年 10 月 4 日　「積極的勧奨再開に関する副反応検討部会の審議の不当性について」
　2022 年 11 月 4 日　「9 価 HPV ワクチン（子宮頸がんワクチン）シルガード 9 の定期接種化方針に対する抗議声明」

【日教組関係】
　学習シリーズ③『インフルエンザ予防接種反対運動にとりくむために』
　学習シリーズ⑮『「うつる」病気をどう考えるのか―結核健康診断をとおして―』
　JTU 学習資料『いっしょに考えてみませんか！子宮頸がんと HPV ワクチンのこと』
　保健研究委員会『「うつる」病気と養護教員のかかわりについて』
　学習シリーズ⑲『「うつる」病気をどう考えるのか―新型インフルエンザをとおして―』
　学習シリーズ㉕『「うつる」病気をどう考えるのか～養護教員として大切にしたいこと～』
　「予防接種制度について」日教組養護教員部常任委員会、2014 年
　『日教組養護教員部 30 年史』　1982 年
　『日教組養護教員部 50 年史』　2001 年
　『日教組養護教員部 70 年史』　2022 年

おわりに

　第61回日養研の講演の中で、講師の田中真介さんが触れられた「ワクチン非接種地域におけるインフルエンザ流行状況」[1]（前橋レポート）は、研究者の間で今なお語り継がれているものだそうです。

　前橋市インフルエンザ研究班が5年の歳月をかけてまとめたもので、医師会・保健所・教育委員会・校長・養護教諭・市役所の85人ほどがかかわりました。

　このレポート自体はトヨタ財団助成研究報告書ということで販売はされていませんが、インターネット上で読むことができます。

　このレポートの班長であった由上修三さんは、この後『予防接種の考え方』[2]を刊行します。その中に「予防接種は人体に危害を加える医療行為である。（中略）異物、それも病原体の一部または全部を体内に入れるのであるから、かならず何らかの副反応（副作用）をともなう」「医療は科学である。科学的必然性がなくてはならない。〈法律で決められているから〉とか〈厚生省の通達に従って〉とかの判断を科学的に優先させてはならないのである」と書かれています。

　もう30年も前の本であるにもかかわらず、ことばは全く古くなく、現代の私たちにこそ必要な考え方が示されています。

　今回の新型コロナウイルスワクチンは、あっという間に認可され、3回目、4回目と接種の勧奨がされました。ようやく最近になって、ワクチンを疑問視する内容の本や動画をみかける機会が増えてきました。

　また、HPVワクチンについては副作用で苦しむ方の治療法が確立されないまま、さらに裁判も係属中であるにもかかわらず、「接種勧奨を控える」期間が終わり、2022年6月から定期接種再開となりました。キャッチアップ接種も盛んに行われています。

　子どもと保護者に何を伝えていくのか。自分が悩んだとき、先輩方の足跡に学ぶものはたくさんあります。新型と言われる感染症をふりかえり、まとめて、語り合うことで、今後起こるかもしれない感染症にむけて何をするのか、何をしないのかを考えることができるはずで

す。私たちは「養護」をとおして、子どもとともに成長していかなく
てはなりません。ぜひ、『学習シリーズ』「保健研究委員会 調査報告
書」「日養研要綱 資料集」『健康権確立に向けて』『日教組養護教員部
70年史』等を学習に使ってください。

　子どもの人権を守り、私たちの「立ち位置」をどこにするのかを考
えるために、これからも学習を続けていきましょう。

1：前橋市インフルエンザ研究班 編「トヨタ財団助成研究報告書　ワクチン非接種地域
　　におけるインフルエンザ流行状況」1987年1月
2：由上修三『科学全書42　予防接種の考え方』大月書店、1992年3月

養護教員部　学習シリーズ一覧

① 学校保健の視点

② 保健主事の撤廃に向けて

③ インフルエンザ予防接種反対運動をとりくむために

④ 学校における採血の問題

⑤ 衛生管理者と養護教員Ｑ＆Ａ

⑥ 保健主事もんだいにとりくむために

⑦ 学校における健康診断・予防接種—「改正」後の問題点—

⑧ 教育職員免許法一部「改正」と養護教員

⑨ いま、なぜフッ素なのか—その現状と問題点をさぐる—

⑩ 「健康日本 21」を問う

⑪ 色覚検査廃止から何を学ぶのか

⑫ 「健康増進法」のねらいを考える—「健康日本 21」の法制化—

⑬ いま　なぜフッ素なのか—パート 2 —

⑭ 健康診断を見つめなおす

⑮ 「うつる」病気をどう考えるのか—結核健康診断をとおして—

⑯ 学校での採血はいらない—生活習慣病予防検診の実態から—

⑰ むし歯を学ぶ・むし歯で学ぶ—「今、なぜフッ素なの？」パート 3 —

⑱ 学校保健法の一部を改正する法律〜子どもたちが安心・安全な学校生活を送るために〜

⑲ 「うつる」病気をどう考えるのか—新型インフルエンザをとおして—

⑳ わたしたちがめざす歯科口腔保健—「今、なぜフッ素なの？」パート 4 —

㉑ 健康診断を見つめなおす‼ —パート 2 —

㉒ 健康施策と養護教員〜今こそ「養護」を考える〜

㉓ 守ろう！子どもの個人情報〜健康診断結果のビッグデータ化って⁉〜

㉔ 人権の視点から学校での「色覚検査」を問い直す

㉕ 「うつる」病気をどう考えるのか〜養護教員として大切にしたいこと〜

学習シリーズ㉖

「うつる」病気をどう考えるのか～予防接種から考える～

発行所　2023 年 3 月 20 日　2023　Printed in Japan
編　者　日本教職員組合養護教員部
発行者　梶原　貴
発行所　㈱アドバンテージサーバー
　　　　〒 101-003　東京都千代田区一ッ橋 2-6-2　日本教育館
　　　　TEL 03-5210-9171　fax 03-5210-9173
　　　　URL　https://www.adosava.co.jp
　　　　郵便為替　00170-0-604387
印刷製本　株式会社モリモト印刷
ISBN978-4-86446-082-8